AF230307

MES

SOUVENIRS

DE L'ARMÉE DU RHIN

MES

RÉFLEXIONS

LA

DÉFENSE DE L'ARMÉE

Devant ses Détracteurs

Fiat lux !

GRENOBLE

CHEZ TOUS LES LIBRAIRES DE LA VILLE

Février 1871

AU GÉNÉRAL TROCHU

Hommage d'une affection respectueuse et dévouée.

CHAPITRE Ier.

Le Départ.

Je voudrais pouvoir écrire l'histoire de l'armée du Rhin depuis le 22 juillet jusqu'au 28 octobre 1870, jour de la capitulation de Metz, car il est nécessaire que la lumière se fasse et que justice soit rendue ; mais je ne possède aucune pièce officielle et, de plus, le talent me manque complétement pour une œuvre aussi grande.

Je ne consigne donc ici que mes souvenirs et je jette sur le papier les événements qui se sont passés sous mes yeux, les réflexions qu'ils m'ont suggérées, ainsi que les conversations qui m'ont révélé certains faits.

Le 18 juillet je reçus l'ordre de prendre le commandement de la 1re brigade de la 1re division, qui était à Bitche. Le 21 j'arrivais à mon poste.

Tout d'abord je fus frappé de l'incurie qui avait présidé à la réunion de notre armée. Il n'y avait dans les forts ni armes, ni munitions de réserve, ni ambulances, ni brancards pour les blessés, ni vivres, ni effets de campement pour recevoir l'armée, et depuis quarante-huit heures que les régiments étaient arrivés devant Bitche, aucune distribution n'avait été faite. Les hommes manquaient donc de tout et nos réserves n'avaient pas encore rejoint. Nos régiments étaient en conséquence très faibles, 1,300 à 1,400 hommes au maximum et n'avaient rien de ce qui est nécessaire pour marcher et camper ; les officiers étaient encore plus mal outillés que les soldats. Une chose me frappa en outre, c'était la dispersion de notre armée, étendue sur une ligne de plus de soixante-et-dix lieues, de Belfort à Thionville, et ne possédant au plus qu'un effectif de 200,000 à 250,000 hommes.

Rien ne pouvait être plus funeste pour le salut de la France, et les événements ne tardèrent pas à justifier cette observation.

Pour assurer la frontière on aurait dû réunir trois armées de 200,000 hommes chacune, la première à Strasbourg, la deuxième à Metz, la troisième à Châlons (réserve). Deux de ces armées auraient dû toujours être en communication et pouvoir se donner la main au jour du danger. De cette manière nos corps d'armée n'auraient pas été broyés en détail, comme cela a eu lieu, et on n'aurait pas émietté les forces vives du pays ; les Prussiens auraient trouvé devant eux des forces suffisantes pour les arrêter. Si on avait été obligé de battre en retraite, en gardant le chemin de fer, on couvrait Paris, on ralliait l'armée de Châlons, et dans cette marche rétrograde on concentrait toutes les ressources de la France, hommes et provisions, qui arrivaient facilement ; et, bientôt après, on pouvait reprendre l'offensive ou se retirer sur la capitale, qu'on était en mesure de défendre avec des chances avantageuses, puisqu'on amenait avec soi tous les éléments de succès.

Mais comment se fait-il que toutes ces imprévoyances et toutes ces fautes aient été commises au début et qu'un ministre ait osé dire que tout était prêt pour la guerre, lorsqu'au contraire rien n'était préparé et que tout était laissé au hasard ? Car si l'armée réunie était d'un nombre absolument insuffisant pour la grandeur de l'entreprise, on la laissait encore manquer de tout, et, de plus, aucune place forte n'avait été armée et n'avait reçu son matériel de guerre ! Ah ! voilà une responsabilité que je ne voudrais pas avoir à porter et qui ne peut être atténuée que par une légèreté sans exemple et une incurie au-delà de tout ce qu'on peut imaginer.

C'est dans ces conditions que je reçus, le 31 juillet, ma nomination de général de division et que je rejoignis le 4e corps, commandé par le brave général de l'Admirault, à Boulay.

En arrivant, je remarquai les mêmes fautes que dans le 5e corps. Les hommes étaient pour la plupart sans effets de campement, sans couvertures, un grand nombre sans petites tentes ; il n'y avait ni ambulances, ni brancards ; les officiers n'avaient rien pour s'abriter, tout manquait donc à l'armée, tout, excepté le courage et le sacrifice.

Les ordres de l'Empereur avaient sans doute prescrit de ne pas laisser violer la frontière, ce qui avait obligé les divisions à être sans cesse en mouvement, aussi étaient-elles harassées lorsque je rejoignis la mienne (2e du 4e corps), à Boucheporn. Cette division arrivait le 6 de l'extrême frontière, à six heures du soir, et devait prendre position dans cette localité ; mais le soir je reçus l'ordre de faire partir le 43e de ligne, qui en faisait partie, pour Saint-Avold, en plaçant les sacs des soldats sur des voitures de réquisition, et le 43e était rendu dans la nuit à sa destination, où le maréchal Bazaine, qui prenait le commandement de l'armée, se trouvait avec un régiment seulement. Quelques heures après j'étais appelé à Saint-Avold avec le reste de ma division, et nous y arrivions le 7 août, à neuf heures du matin.

J'allai prendre les ordres du maréchal et je trouvai chez lui le major général, le maréchal Lebœuf. Ils nous placèrent sur les hauteurs en arrière de Saint-Avold. Ces positions sont formidables et on aurait pu déjà lutter contre l'envahissement des Prussiens et arrêter pendant longtemps leur marche en avant, ce qui aurait permis aux réserves de rejoindre les corps auxquels elles étaient destinées.

Ici je me permets une digression pour m'élever contre notre manière de réunir nos réserves. Est-il possible de comprendre un système plus inintelligent ! J'ai vu un soldat d'un village près de Metz partir de cette ville pour aller rejoindre son dépôt à Bayonne (34e de ligne), puis après, être versé dans les bataillons en campagne et venir se faire faire prisonnier à Sédan ; un autre est parti pour son dépôt, à Nantes, et nous est revenu à Metz avec son régiment. Il en est à peu près de même pour toute l'armée. Voilà des marches et des contre-marches qui la mettent

dans une situation à exiger un temps fort long pour
la réunion, tandis qu'en réunissant par département
et versant les hommes dans les régiments les plus
voisins, la concentration se fait en peu de jours et on
évite bien des encombrements sur les chemins de
fer. Je sais qu'on m'objectera que c'est la religion du
drapeau qu'on veut respecter. Je répondrai à cela
que les Prussiens se réunissent par province et qu'ils
n'en aiment pas moins leur drapeau, car c'est toujours
sous celui du pays qu'ils vont combattre.

Je reviens à mon séjour à Saint-Avold, où j'avais
été attaché momentanément au 3e corps. Malgré mon
excellente position, le maréchal Bazaine me donna
l'ordre de me retirer sur Boinville, et le 8 je me mis
en route. Après une marche pénible ma division
arriva à dix heures du soir au bivouac qui lui était
assigné et s'y établit, par une pluie torrentielle, sans
bois et à trois kilomètres de l'eau. Le lendemain,
9 août, à cinq heures du soir, je reçus l'ordre d'aller
rejoindre le 4e corps, qui était à Glatigny, menacé
d'une attaque. Je partis aussitôt et je trouvai mon
corps d'armée qui occupait de solides positions et
qui était prêt à recevoir la bataille. Je me plaçai en
réserve, la garde était près de nous et pouvait nous
donner la main. La journée du 10 se passa sans inci-
dent. Je fis occuper fortement les bois en avant de
mon front par trois bataillons et j'attendis. Mais l'ennemi ne parut nulle part, et le 11, par une pluie
battante, nous quittâmes les villages de Glatigny et
de Cheuby, qui étaient occupés par les divisions du
4e corps, et nous nous retirâmes sur Mey, village
près de Metz, presque à hauteur du fort Saint-Julien.
Pourquoi cette marche rétrograde, lorsque nos posi-

tions de Cheuby et de Glatigny étaient parfaites et même formidables ? J'ai entendu dire que c'était pour se conformer aux ordres de l'Empereur, qui avait ordonné la concentration de tous les corps sous Metz. Il venait, en effet, de s'apercevoir des fautes qu'il avait commises dès le début en éparpillant toutes ses divisions le long de la frontière, et il cherchait à y remédier ; mais c'était déjà un peu tard, car la division Douai (Abel) était détruite, le maréchal de Mac-Mahon était déjà écrasé à Wœrth et le général Frossard n'avait pu nous rejoindre qu'à grand'peine et après des pertes immenses à Forbach. L'Empereur, du reste, qui s'était improvisé général, a été pendant toute cette guerre plus qu'un embarras, il a été un malheur, et le 12 août, à Mey, j'écrivais à ma famille que j'étais plein de confiance dans la valeur et les dispositions des officiers et soldats et dans l'habileté de nos chefs, mais à la condition que l'Empereur laisserait faire ses généraux et qu'il ne se mêlerait de rien. Hélas ! il n'en fut pas ainsi, et après nous avoir quittés le 14 août, il alla entraver les plans et la marche du maréchal de Mac-Mahon, pour aboutir à la catastrophe de Sédan. Mais n'anticipons pas sur les événements et suivons leur cours.

CHAPITRE II.

La période des combats.

Les journées des 11, 12, 13 se passèrent tranquillement; l'armée commandée par le maréchal Bazaine, réunie sous les murs de Metz, se composait du 2e corps, général Frossard, 3e corps, général Decaen, 4e corps, général de l'Admirault, 6e corps, maréchal Canrobert, et enfin la garde, général Bourbaki, formant, avec la cavalerie et l'artillerie de réserve, environ 125,000 hommes.

Le 14 août toute l'armée reçut l'ordre de passer la Moselle et de venir camper dans les plaines entre Metz et Woippy. Le maréchal Bazaine avait sans doute l'intention d'attaquer l'ennemi le 16, dans la direction de Gravelotte et de Resonville ; je dis l'intention, car les plans du maréchal sont toujours restés un mystère pour tout le monde. Je conçois très bien qu'un plan, tant qu'il est en gestation, ne soit communiqué à personne ; mais lorsqu'une fois il est arrêté et qu'on doit l'exécuter, il me semble qu'il est indispensable que les chefs qui doivent opérer ensemble soient initiés au moment de l'exécution, afin qu'ils puissent diriger tous leurs efforts vers la solution que le chef veut atteindre. Or, il n'en a jamais été ainsi dans l'armée du Rhin, et moi qui commandais 10,500 hommes, j'ai toujours combattu droit devant moi, sans jamais connaître l'objectif. Cette façon d'agir me parut tellement excentrique, qu'au rapport du 19 août, je m'en plaignis à nos chefs. Il me fut répondu que personne n'en savait plus long que moi et que jamais le maréchal Bazaine ne communiquait ses plans à personne. Je protestai vivement contre cette méthode vicieuse et j'ajoutai que, pour arriver à un bon résultat, il serait utile au contraire d'initier jusqu'au dernier caporal au plan du général, de manière à ce que les efforts de tous fussent constamment dirigés vers le même but.

Revenons à la journée du 14. Les différents corps d'armée se mirent en route pour passer la Moselle, et ma division fut désignée pour former l'arrière-garde du 4ᵉ corps. Tout se passa sans incidents jusqu'à quatre heures. Mais à ce moment l'ennemi, qui sans doute avait été prévenu du mouvement que nous étions en train d'exécuter, se présenta en grandes masses du côté de Borni, occupé par le 3ᵉ corps, général Decaen.

Ce général prit aussitôt toutes les dispositions nécessaires pour le recevoir et bientôt l'attaque commença sur toute la ligne.

Du haut des buttes qui sont placées près du fort Saint-Julien, nous assistions depuis une demi-heure au spectacle grandiose de deux armées qui luttent avec acharnement, lorsque tout à coup on vit les Prussiens appuyer à leur droite et chercher à tourner la gauche du 3ᵉ corps, en venant occuper les positions que nous venions d'abandonner, en quittant notre bivouac pour suivre le mouvement du 4ᵉ corps. Ma division, en effet, qui devait franchir la Moselle la dernière, s'était massée près du fort Saint-Julien et

attendait que la 1re division eût terminé son passage ;
la 3e division avait déjà franchi cette rivière, ainsi que
la 1re brigade de la 1re division. A la vue du mouvement que tentait l'ennemi, je fis rétrograder ma division, je priai le général de Golberg, qui commandait
la 2e brigade de la 1re division, de m'appuyer dans
les dispositions que j'allais prendre, ce qu'il fit avec
le plus grand empressement, et j'établis ma division,
après avoir fait déposer les sacs, face à l'ennemi de
la manière suivante : le 1er bataillon reçut l'ordre
d'occuper fortement le village de Mey, quatre compagnies du 5e bataillon de chasseurs et un bataillon du
64e de ligne occupèrent le bois de Mey ; je plaçai,
en outre, à l'angle de ce bois, une batterie d'artillerie
avec deux compagnies de chasseurs comme soutien ;
le 13e de ligne déployé s'étendit du bois de Mey vers
la route de Bouzonville, enfin le 43e remplit l'inter-
valle qui restait entre le 13e et la route, et un bataillon de ce régiment fut placé comme soutien à une
batterie qui s'établit sur la route de Bouzonville.
Quant à la batterie de mitrailleuses, elle se porta en
avant du 13e, dans une position avantageuse et prête
à tout événement. La 2e brigade fournit un bataillon
du 98e pour surveiller la vallée à notre gauche, où
nous avions peu à craindre ; le reste de la brigade
se tint en réserve avec celle du général de Golberg.

C'est dans cet ordre que je reçus l'ennemi, qui, peu
après, nous attaqua avec vigueur. Mes positions
étaient solides, tout mon monde tint bon ; j'étais
obligé de temps en temps de renforcer certains points
de la ligne, mais tous résistèrent héroïquement.

Vers sept heures le général de l'Admirault, qui avait
été prévenu de l'attaque, repassait la Moselle, remon-

tait sur le plateau de Saint-Julien et m'annonçait un renfort considérable d'artillerie ; je le remerciai et le priai d'envoyer une seconde batterie près du bois de Mey, qui me semblait être la clef de la position et qui était attaqué avec fureur par les Prussiens. Le général m'envoya de suite ce renfort, qui assura la position de ce côté, car le bois avait été un moment en partie envahi par l'ennemi, et l'excellent et brave 5e bataillon de chasseurs à pied y avait fait de grandes pertes.

La nuit arrivait et l'artillerie ne pouvant plus diriger son feu avec succès, se retirait sur la route dans la direction du fort Saint-Julien, lorsqu'une grêle de balles vint nous assaillir par la route de Bouzonville et ébranler la cavalerie et l'artillerie ainsi qu'un bataillon de réserve ; il était temps d'arrêter ce mouvement rétrograde si nous ne voulions pas être repoussés de nos positions. Je me portai au galop vers le bataillon du 43e, lui ordonnai de s'arrêter et lui fis faire face à l'ennemi, je lui défendis de tirer et le portai en avant en lui faisant croiser la baïonnette au cri de vive la France ! Je fis en même temps battre la charge et me précipitai aussitôt près d'un bataillon du 73e de la 1re division et lui fis exécuter les mêmes mouvements. Toute la ligne s'ébranla, se jeta sur l'ennemi, le culbuta, et nous reconquîmes immédiatement le terrain perdu un moment. Du reste le 13e, un brave et solide régiment, qui n'avait pas quitté un seul instant sa position, se joignit à notre impétueuse attaque et nous facilita grandement le succès. L'ennemi ne put résister à ce mouvement décisif, il se retira pour ne plus reparaître et nous restâmes maîtres du terrain.

Cette bataille a été une bonne journée pour la France et ma division s'est couverte de gloire. C'était, en effet, la première fois depuis le commencement de la guerre que nos troupes, non-seulement n'étaient pas battues, mais faisaient éprouver un grave échec à la Prusse. Ma division, par son élan et son dévouement, sauva le 3e corps, qui allait être tourné par sa gauche.

Dans cette journée les pertes de l'ennemi furent énormes et il en convint dans ses journaux ; les nôtres furent aussi sensibles sans être à comparer à celles des Prussiens. La plus regrettable fut la blessure du général Decaen (commandant le 3e corps), qui mourut quelques jours après.

Dans cette bataille nous pûmes remarquer la supériorité de l'artillerie ennemie et prévoir que la nôtre ne pourrait pas soutenir avantageusement la lutte. L'artillerie prussienne est beaucoup plus nombreuse, huit pièces par batterie au lieu de six, quatre batteries par division au lieu de trois, enfin toutes ces pièces du calibre de douze ; les pièces françaises sont de 4 et de 8. L'infériorité était notoire et quoique nos artilleurs, officiers et soldats, fussent d'un rare courage, il était certain qu'ils seraient insuffisants ; c'est ce que les batailles suivantes sont venues confirmer. Le tir des Prussiens est d'une plus grande portée que le nôtre et la justesse parfaite, après le troisième coup au plus (1). Je dois cependant faire un éloge mérité de nos mitrailleuses, qui ont produit dans la

----

(1) Il est probable que les Prussiens emploient des stadias perfectionnés.

bataille de Borni un effet désastreux sur nos ennemis et qui ont contribué pour une bonne part au succès
de ma division. Quant aux fusils chassepots ils sont
excellents et ont rendu les meilleurs services.

Après cette victoire il eût été bon peut-être de
rester sur le terrain et de poursuivre le lendemain
les succès obtenus; mais le maréchal Bazaine avait
sans doute combiné un plan auquel il tenait, car il
nous arriva à minuit l'ordre de passer la Moselle,
ainsi que nous avions dû le faire dans la journée, et
de venir camper au dessous de Woippy, où nous rece-
vrions des ordres. Le matin du 15 les cinq corps d'armée ayant donc franchi la Moselle campèrent dans
la plaine qui s'étend au-delà de cette rivière. Ce
même jour ils prirent des vivres, complétèrent les
munitions, les parcs de réserve s'approvisionnèrent
et le 16 à cinq heures du matin, toute l'armée se
porta en avant ; le 4e corps se rendit au village de
Doncourt.

Ma division y arrivait à onze heures et commençait à établir son bivouac, lorsqu'une canonnade, que
nous entendions sur notre gauche depuis une heure,
redoubla d'une manière inquiétante et je reçus l'ordre
du général de l'Admirault de faire déposer les sacs à
ma 1re brigade, qui seule était arrivée à Doncourt et de me porter aussitôt dans la direction de
Resonvile. Je hâtai ce mouvement le plus possible
et une demi-heure après nous refoulions les uhlans
et l'infanterie qui occupaient les hauteurs voisines et
nous nous emparions de positions excellentes.

Ma 2e brigade venait d'arriver et s'établissait en réserve. La 1re division (de Cisey) se plaçait à ma droite
et la cavalerie descendait dans la plaine qui était à la

droite de la 1re division. Notre corps d'armée avait à sa gauche le 3e corps (maréchal Lebœuf), qui avait remplacé le général Decaen. Jusqu'à sept heures et demie eut lieu une série de combats furieux, où nos divisions montrèrent leur dévouement, leur bravoure et leur solidité. J'enlevai à trois heures, avec deux bataillons, un bois occupé par l'ennemi en face de Mars-Latour et nous y fîmes quelques prisonniers. Le 73e de la 1re division du 4e corps reçut aussi une charge terrible, culbuta l'ennemi et lui enleva un drapeau (1). Enfin la cavalerie fit plusieurs charges heureuses et sabra un grand nombre d'ennemis. Mais cette gloire lui coûta cher : son brave général de division Legrand fut tué, le général Montaigu, blessé, renversé de cheval et fait prisonnier. Toutes les divisions eurent des pertes sensibles à déplorer ; c'est là aussi que le général Brayer de la 1re division du 4e corps fut tué et le général de Golberg blessé.

Cette journée coûta bien autrement cher aux Prussiens et nous restâmes le soir maîtres de toutes les positions.

C'est ce jour là qu'on vit, chose triste à dire, les Prussiens traîtreusement élever la crosse en l'air, pour faire croire qu'ils se rendaient, et lorsque nos soldats confiants s'étaient approchés, ils tiraient sur eux et en faisaient un horrible carnage. Je laisse à la réprobation de la conscience publique ce fait honteux et infâme (2).

---

(1) Le colonel Supervielle et son lieutenant-colonel payaient ce succès de leur vie.

(2) Les Prussiens renouvelèrent souvent cette manœuvre ; sans

A onze heures du soir je rentrai à Doncourt avec ma division. Tous, nous étions harassés et mourants de faim, car depuis cinq heures du matin nous n'avions pris qu'une tasse de café.

Cette seconde journée fut des plus glorieuses et le 4ᵉ corps y eut une des plus belles et des plus grandes parts.

Le lendemain 17, le général en chef aurait donc pu achever son œuvre si bien commencée et poursuivre l'ennemi ; mais il nous donna l'ordre de nous retirer sur Amanvillers, pour nous rapprocher de Metz et pouvoir nous ravitailler. Nous n'avions, en effet, de vivres que pour la journée du 17 et aucun convoi de provisions ne nous avait accompagnés. L'armée se rendit donc à Amanvillers et le 18 au matin elle envoyait, par ordre, toutes les voitures régimentaires à Metz, pour chercher des vivres et rapporter des munitions qui étaient un peu épuisées par la bataille du 16. C'est ainsi que nous perdions le fruit de nos victoires : nous n'étions jamais pourvus et jamais en mesure de continuer les opérations.

Le 18, nous ne comptions nullement sur une attaque, lorsqu'à neuf heures du matin on vint nous prévenir que l'ennemi faisait de grands mouvements et qu'il était probable que l'armée ne tarderait pas à être attaquée. Toutes les troupes se tinrent sur le qui vive, et à onze heures, en effet, les Prussiens commençaient le feu sur notre front. Chaque régiment connaissant la place qu'il devait occuper s'y

---

grand succès, il est vrai, la ruse était démasquée. Elle n'en est pas moins déloyale ; mais depuis ils en ont fait bien d'autres en France.

rendit aussitôt. L'artillerie se plaça en grande masse en avant de ma division et commença un feu terrible. J'avais à ma droite la 1re division de mon corps, qui avait elle-même le 6e corps (maréchal Canrobert) à sa droite ; la gauche de ma division s'appuyait au 3e corps (maréchal Lebœuf) ; la 3e division du 4e corps (général de Lorencez) formait la réserve de notre corps.

L'artillerie ennemie vint se placer en face de la nôtre et pendant cinq heures les armes des deux nations rivalisèrent de courage et d'adresse. Mais notre artillerie finit par sentir son infériorité et après des pertes cruelles, elle fut obligée de se retirer à quatre heures de l'après-midi. Notre ligne fut alors maintenue par l'infanterie, qui s'acquitta avec succès de cette tâche. Quelques tirailleurs du 13e de ligne et du 5e bataillon de chasseurs de ma division s'embusquèrent et tirèrent sur une batterie prussienne qui, trop audacieuse, était venue s'établir très près de notre ligne. Tous les canonniers furent bientôt mis hors de combat et les tirailleurs se précipitant sur la batterie enlevèrent deux pièces de canon (1).

Le succès de cette journée paraissait assuré à notre armée jusqu'à six heures et demie du soir : à ce moment l'armée du général Steinmetz déboucha et chercha à tourner notre droite. Le 6e corps craignant d'être débordé, fit un mouvement en arrière pour s'appuyer sur St-Privat ; mais dans sa manœuvre il

---

(1) Si les tirailleurs avaient eu un plus grand nombre de chevaux à leur disposition, ils auraient ramené toute la batterie, mais ils n'en possédaient que deux.

laissa une trouée entre lui et le 4ᵉ corps, l'ennemi s'y logea, et le 6ᵉ corps, se voyant séparé, battît trop précipitamment en retraite et abandonna le 4ᵉ corps, qui fut alors pris à revers. La position n'était plus tenable et la 1ʳᵉ division fut obligée de quitter ses positions et de se retirer. Cette retraite entraîna aussi celle de la 1ʳᵉ brigade de la 2ᵉ division, et nos succès précédents furent complétement perdus de ce côté. La 2ᵉ brigade de ma division tint bon sur le terrain où elle avait combattu, ainsi que toute la gauche de l'armée, et nous eûmes de ce côté le même succès que la gauche des Prussiens venait d'avoir sur notre droite. La gauche de notre armée coucha sur le champ de bataille et ne se replia sous Metz que le lendemain matin. Si la garde, qui vint prendre position vers sept heures du soir, avait bouché la trouée laissée par le 6ᵉ corps, nous aurions eu encore une victoire complète ; mais elle arriva trop tard et ne put occuper la place qui lui était naturellement indiquée. Elle resta trop en arrière. Quant au maréchal commandant en chef, placé dans son château du Ban-Saint-Martin, il entendit la canonnade et ne voulut jamais croire à une bataille : il assurait que c'était une tiraillerie d'avant-postes et ce n'est qu'à quatre heures qu'il se décida à monter à cheval pour se rendre au fort Saint-Quentin, d'où il vit les derniers effets de cette journée qui nous ramena sous Metz et nous fit perdre un nombre énorme d'officiers et soldats ; pour la première fois, depuis qu'on fait la guerre, on vit une armée de deux cent cinquante mille hommes combattre sans plan, sans ordres et sans direction du général en chef.

Les Prussiens firent des pertes énormes, plus grandes que nous, car dans leurs journaux ils accusèrent trente-huit mille tués ou blessés (1).

Toute l'armée française, à la suite de cette affaire, fut placée sur la rive gauche de la Moselle et on s'occupa de réparer les pertes et de compléter les munitions; mais il fut impossible de couvrir la perte d'une partie de nos effets.

Les voitures régimentaires qui étaient parties le matin pour Metz afin de nous ravitailler n'étaient pas rentrés à la fin de la journée, en sorte que tous les bagages des officiers et d'une partie de la troupe furent perdus, n'ayant plus de moyens pour les transporter.

Le maréchal commit une grande faute dans notre installation : il fit placer tous les corps d'armée sur le revers des forts du côté de Metz, au lieu de camper en dehors sous leur protection. Nous étions alors trop entassés et les ressources dont nous pouvions disposer étaient très réduites par suite du petit nombre de villages que nous embrassions dans notre circonférence. D'un autre côté, l'ennemi nous ayant suivis pas à pas se plaçait sur les hauteurs entre les forts, son rayon pour établir le blocus se trouvait très court et il occupait des positions formidables que nous aurions dû garder. Pour pallier la faute on a dit que les forts n'étaient pas armés et qu'ils ne pouvaient alors nous protéger. Le fait est vrai; mais l'armée, en attendant l'armement de ces forts, était assez nombreuse et assez solide pour tenir tête à l'ennemi et l'empêcher de venir se placer dans des positions qui lui auraient

---

(1) Journal d'Altona.

coûté cher à enlever. Quoi qu'il en soit, les corps d'armée installés dès le 19 dans leur nouveau campement creusèrent quelques tranchées pour protéger les troupes et abriter les grand'gardes. Les Prussiens, de leur côté, se fortifièrent à la hâte et commencèrent cette suite de lignes qui devaient nous enserrer comme dans un cercle de fer et que nous ne devions plus franchir. Dès le 18 au soir ils occupèrent toutes les routes et tous les chemins de fer, et la correspondance avec le dehors fut complétement supprimée.

Puisque le maréchal s'était arrêté à ne plus quitter les lignes de Metz, le plus simple bon sens indiquait de faire immédiatement le recensement de tous les vivres et provisions qui se trouvaient non-seulement dans la ville, mais dans tous les villages à notre disposition, de les saisir de suite, de les verser dans les magasins de l'État, après avoir soldé aux intéressés le montant de leur denrées, et le jour même de fixer la ration de chaque soldat et de chaque habitant. De cette manière il n'y aurait pas eu d'abus et on aurait certainement pu tenir à Metz deux mois de plus. Le maréchal, pour cela comme pour tout le reste, ne donna aucun ordre et chacun usa des approvisionnements de la ville suivant son bon plaisir. Il s'ensuivit un gaspillage effroyable. Ce n'est que dans les derniers dix jours avant la capitulation qu'on voulut rétablir l'ordre, mais il était trop tard, les ressources étaient épuisées.

L'intendance, sans doute, n'est pas responsable de cette situation, car le maréchal aurait dû lui donner des ordres; cependant elle n'a pas été à la hauteur de sa mission, car elle nous a laissé à la fin manquer de tout, lorsque chacun trouvait encore et toujours des provisions chez l'habitant, à des prix fabuleux, il est vrai, mais que l'intendance aurait eues dès le principe à des prix modérés.

Jusqu'au 26 il ne se passa rien de nouveau; quelques coups de fusil aux avant-postes, quelques travaux pour hâter l'armement, l'approvisionnement et pousser les travaux des forts très en retard, ce qui les laissait un peu sous la crainte d'un coup de main.

Le 26, le maréchal donna l'ordre à tous les corps de se porter sur le plateau de Saint-Julien. Le mouvement commença à cinq heures du matin; mais, suivant les habitudes de son état-major, la marche d'aucun corps n'était réglée, en sorte que sur les ponts de chevalets et sur la montée de Saint-Julien, cinq corps d'armée vinrent s'entasser pêle-mêle avec une pluie battante et un froid impossible à comprendre dans la saison d'été. Enfin ma division finit par franchir les difficultés et s'établit sur le plateau indiqué. Nous espérions attaquer de suite et sortir de cette prison qui commençait à se fermer autour de nous; mais après une demi-heure d'attente, je reçus l'ordre de redescendre le plateau encore plus vite que je ne l'avais monté : on me dit qu'on s'était trompé, qu'on n'aurait pas dû abandonner les positions de la rive gauche de la Moselle et qu'il fallait les reprendre au plus vite et à la baïonnette, si c'était nécessaire. Je repassai donc la rivière à la hâte et je revins à mon cantonnement, qu'un bataillon du 98e, de ma division, avait suffi à conserver. Tous les régiments prussiens, en nous voyant gravir le plateau de Saint-Julien, s'étaient rendus aussi sur ce point pour nous barrer le passage, en sorte que le bataillon du 98e n'avait pas eu un coup de fusil à tirer pendant mon absence.

Il est bien malheureux que ce 26 août, malgré le

mauvais temps, on n'ait pas marché sur l'ennemi, qui souffrait, comme nous, des raffales qui nous assaillaient ; il est certain que nous aurions traversé facilement ses lignes, car elles étaient alors peu fortifiées, et, de plus, une grande partie de l'armée de siége marchait sur le maréchal de Mac-Mahon, et le reste des forces devant Metz n'était pas en mesure de nous arrêter. Toute l'armée pensa que c'était partie remise, et le 2e et le 3e corps ayant été placés à leur rentrée le 26, sur la rive droite de la Moselle, le passage des ponts pouvait se faire avec bien plus de facilité ; on attendit impatiemment un nouvel ordre.

Dans la nuit du 30 au 31 il arriva et je me mis en marche pour le plateau à cinq heures. Toute l'armée était pleine d'enthousiasme dans l'espérance d'un meilleur résultat que le 26. Ma division, arrivée à neuf heures du matin, reçut l'ordre du général de l'Admirault d'occuper le village de Villers-l'Orme, sans toutefois engager une affaire, s'il y avait résistance, attendu que le général n'avait aucun ordre du maréchal commandant en chef. Le village fut facilement occupé et les quelques Prussiens qui le gardaient se retirèrent sur leurs corps.

La 1re division du 4e corps entra aussitôt en ligne en se déployant sur la droite de la 2e. Enfin successivement les différents corps s'établirent dans les positions qui leur étaient assignées.

Si à dix heures du matin on avait attaqué franchement l'ennemi, nul doute qu'on ne l'eût culbuté promptement, car il était surpris et toute son armée dispersée autour de Metz sur une circonférence de plus de huit lieues.

Au lieu de cela, n'ayant pas d'ordres pour les opé-

rations qu'on devait exécuter, on attendit le général
en chef, qui ne se rendit sur le plateau de Saint-Julien
que vers une heure de l'après-midi. Après avoir ins-
pecté les positions de l'ennemi, il décida qu'on éta-
blirait une batterie de 12 en avant de la chapelle de
Villers-l'Orme et qu'on construirait un épaulement
pour la protéger. Cette batterie était placée à la
gauche de la route de Bouzonville, et, par une singu-
larité inexplicable, le maréchal ne jugea pas nécessaire de couvrir une seconde batterie placée à droite
de la route et à même hauteur que la première. Les
sapeurs du génie ne manquaient pas cependant pour
ce travail, car l'épaulement de gauche fut établi par
la compagnie de la 2e division seulement, et celle de
la 1re division, qui était sur le terrain de combat, pouvait établir dans le même temps celle de droite. Bref,
ce travail fut terminé à quatre heures de l'après-midi.

Le maréchal venant de donner à chaque chef de
corps, la carte à la main (1), le programme qu'il devait
exécuter, chacun se rendit à son poste pour agir lorsque le moment serait venu. L'attaque devait se faire
simultanément par tous les corps sur les différents
villages occupés par l'ennemi. Le 4e corps, qui était
rendu au lieu du combat, devait donc attendre pour
entrer en scène que les autres corps, surtout ceux de
la droite, fussent arrivés en ligne, afin de diviser le
feu de l'ennemi. Or, le 2e et le 3e corps étaient fort
en arrière et avaient une heure de route avant de
pouvoir prendre part à la bataille : ils étaient campés

---

(1) C'est la seule fois que le maréchal ait donné des ordres
pour le combat.

dans ce moment dans la plaine au-dessous de Mey et faisaient le café. Nous les vîmes continuer leur repos et malgré cela nos batteries commencèrent immédiatement le combat. Elles attirèrent nécessairement sur elles tout le feu de l'ennemi, qui démasqua huit ou dix batteries et notre artillerie eut beaucoup à souffrir; aussi le maréchal fut obligé d'envoyer deux compagnies du 13e de ligne, qui s'embusquèrent dans une auberge sur la route, près de la chapelle, pour protéger nos batteries en tirant constamment sur les canonniers prussiens. Ce ne fut que deux heures après que le 3e corps entra en ligne et fit diversion. Quant au 2e il resta en place et pendant toute la journée demeura spectateur du combat. Le 6e corps, qui était à notre gauche, ne se pressa pas non plus d'agir et ne se mit en mouvement qu'à la nuit presque complète, il ne put rendre ainsi aucun service. Pendant nos heures d'attente les Prussiens se concentraient et de tous côtés on voyait s'élever des masses de poussière ou éclater des fusées qui annonçaient leur marche et leur prochaine arrivée.

Quoique notre artillerie eût été bien éprouvée, elle avait fait subir de grandes pertes à celle de l'ennemi, et le terrain paraissant suffisamment déblayé pour engager l'action, le 3e corps se précipita avec une grande audace sur les villages de Sainte-Barbe et de Servigny et refoula l'ennemi qui, abandonnant toutes les positions en avant, se maintint seulement dans les villages que le brave 3e corps n'avait pu enlever. Les 1re et 2e divisions du 4e corps se liaient à ce mouvement en suivant la route de Bouzonville et en attaquant aussi les villages de Sainte-Barbe et de Failly. Partout les Prussiens furent culbutés et les régiments de ces deux divisions s'emparèrent de leur camp et s'y logèrent.

Si à ce moment où la nuit arrivait rapidement le maréchal Bazaine était venu sur le terrain enlevé à l'ennemi, prescrire les ouvrages à y construire pour s'y établir et les troupes à y placer, s'il avait fait occuper la position par la garde, qui n'avait pas donné dans cette journée, si, de plus, il avait fait venir dans les postes qu'il aurait fait fortifier une puissante artillerie, nous étions maîtres de sortir quand nous l'aurions voulu, car la position occupée prenait à revers les villages de Sainte-Barbe et de Servigny, et le lendemain matin les Prussiens étaient obligés de les évacuer s'ils ne voulaient pas être prisonniers. Mais le maréchal ne vint rien voir, ne donna aucun ordre ; les régiments étant sans instructions se reployèrent peu à peu pour passer la nuit et manger, ce qu'on avait aussi oublié de leur faire faire dans la journée, et le lendemain matin on se trouvait au même point qu'au début de la bataille.

Si le maréchal, ne voulant pas risquer de garder une position qui lui paraissait douteuse, avait voulu réellement sortir de sa ligne d'investissement, il avait un autre moyen certain. Après le succès que ses 3e et 4e corps venaient d'obtenir, c'était de couvrir sa ligne par un rideau de troupes, de traverser la Moselle pendant la nuit avec toute l'armée et de franchir les lignes prussiennes par les villages de Lorry et d'Amanvillers. Tous les corps ennemis s'étaient portés sur le plateau de Saint-Julien, et il ne restait pas dans la direction de Lorry 400 hommes pour nous barrer le passage. Cet acte de vigueur aurait bien changé la face de la guerre ; nous pouvions marcher sur Sédan et recueillir les débris de l'armée du maréchal de Mac-Mahon, si nous arrivions trop tard pour l'aider, et nous retirer sur Paris si nous ne voulions pas combattre de suite. Mais le maréchal Bazaine ne prit aucune de ces déterminations.

On a fait valoir, pour le justifier, qu'un conseil de guerre avait été tenu au château de Grimont et que le général Coffinières de Nordeck s'était vivement opposé à notre départ, alléguant que si l'armée se retirait, Metz et les forts qui n'étaient pas armés tomberaient en trois jours aux mains des Prussiens. Le maréchal aurait cru devoir céder à ces observations qui étaient sans valeur, car rien ne prouve que Metz fût tombé ainsi sans résistance, et, du reste, qu'eût été ce malheur auprès de ceux vers lesquels nous marchions par suite de cette fatale résolution !

Le lendemain donc tout était à recommencer, un brouillard épais voilait l'horizon et la bataille ne put s'engager que vers six ou sept heures du matin. On s'aperçut bientôt, à la mollesse des attaques qu'on nous ordonnait, qu'un parti était pris et que nous ne devions plus sortir de notre prison. Aussi, après une assez vive canonnade de loin et des déploiements de tirailleurs bien dirigés du reste, nous recevions l'ordre à dix heures de battre en retraite et de nous retirer sous le fort de Saint-Julien. La retraite s'exécuta avec calme et avec autant d'ordre que sur un champ de manœuvre, et notre ennemi put voir que si nous nous retirions c'était d'après un ordre exprès et non par impuissance et découragement. On nous ordonna de reprendre nos cantonnements au-delà de la Moselle et à cinq heures du soir je rentrais à Tignomont avec ma division !

Pendant ces deux jours de combat, si malheureusement inutiles, je pus du moins faire les observations que je résume ainsi pour ceux qui, plus heureux, sont encore sur la brèche.

C'est que, pour lutter avec avantage contre les Prussiens, il est nécessaire de leur opposer une forte artillerie ; notre calibre de 12 avait très bien réussi dans ces deux journées, il est indispensable de le substituer au 4 et au 8 ; de plus, pour perdre le moins de monde possible, il faut que les soutiens ne se placent pas en arrière de l'artillerie, mais à une assez grande distance sur la droite et sur la gauche, pour éviter de recevoir les projectiles qui n'atteignent pas les pièces. Comme les Prussiens tiennent toujours leur infanterie cachée dans les bois et fort éloignée, il n'y a pas à craindre que les batteries soient enlevées par un coup de main, et si par extraordinaire leurs fantassins se hasardaient, notre infanterie aurait le temps d'accourir et de les rejeter vigoureusement en arrière, attendu que rarement ils se sont mis en face de cette troupe et qu'ils ont été chaque fois culbutés. De plus, il est indispensable, pendant le combat d'artillerie, d'embusquer des tirailleurs qui ont pour but unique de tirer sur les canonniers ennemis ; on finit par avoir raison de leur feu ; dans tous les cas, on les inquiète tellement que leur tir devient incertain et que nous finissons par avoir la supériorité. Il faut aussi occuper fortement les bois, placer les troupes d'infanterie dans des lieux couverts où elles soient bien abritées, jusqu'au moment où leur action devient nécessaire, et conserver toujours de fortes réserves ; pour répondre aux attaques successives de l'ennemi et parer aux éventualités, la moitié de ses forces en réserve n'est pas un chiffre exagérée. Il est nécessaire aussi que nous apprenions à nous servir de notre cavalerie ; on l'emploie peu dans les combats et pas du tout en éclaireurs. C'est une grande faute. Les Prussiens s'en servent admirablement, surtout en éclaireurs et nous ont donné des leçons dont, je l'espère, nous saurons profiter.

A partir du 1er septembre nous n'avons plus rien entrepris pour essayer de franchir la ligne prussienne.

Ma division avait dans chaque journée vaillamment combattu au premier rang, et 3,500 hommes tués ou blessés sur 10,500 attestent qu'elle avait dignement tenu sa place devant l'ennemi.

Le 2 septembre, les généraux de division du 4e corps furent convoqués chez le général de l'Admirault ; j'avais été tellement frappé de notre obstination à rester dans notre prison que j'en témoignai tout mon étonnement, et cela assez vivement pour montrer que je n'étais pas dupe du parti pris du maréchal et que je ne m'associais nullement à des décisions aussi peu énergiques.

CHAPITRE III.

La politique et les intrigues.

Jusqu'au 12 septembre il ne se passa rien de nouveau ; on se fortifiait solidement dans les camps, on y faisait de véritables ouvrages et on continuait à se tirailler nuit et jour aux avant-postes.

Mais le 12 le maréchal donna l'ordre à tous les généraux de division de se rendre chez lui pour une communication.

A la réunion il nous dit qu'un prisonnier qui venait d'être échangé avait rapporté avec lui un journal qui annonçait que le gouvernement impérial avait été renversé à Paris, et qu'un Gouvernement dit de la Défense nationale avait été installé. Il ajouta qu'il ne savait rien de plus et qu'aucun renseignement officiel ne lui était parvenu, mais qu'il avait lieu de croire que les événements s'étaient passés ainsi, et qu'au surplus s'il apprenait des faits nouveaux, il s'empresserait de nous en faire part. Il aborda alors un autre sujet : il nous dit que des officiers subalternes lui avaient envoyé des plans de bataille pour sortir de nos lignes et nous retirer soit sur Belfort, soit sur Strasbourg ou Lyon ; mais que ces plans indiquaient plus de cœur que de jugement, qu'il n'y avait rien à faire, que nous continuerions à manger nos chevaux et qu'ainsi nous verrions venir les événements pour en profiter dans l'occasion. Le maréchal publia le soir un ordre où il donnait la composition du Gouvernement de la Défense nationale, dont l'illustre général Trochu était le président. Il termina son ordre en disant à l'armée que son devoir restait le même envers la France.

C'est pour nous faire cette déclaration que le maréchal réunit pour la première et dernière fois ses généraux de division et il ne les a jamais consultés pour aucune de ses décisions. C'était la deuxième fois seulement qu'il adressait un ordre à l'armée et il n'en publia un troisième que pour annoncer la capitulation.

Jusque vers le milieu de septembre il n'y eut aucun mouvement de troupes; mais à partir du 18 ou du 20 commencèrent une série de sorties qui toutes réussirent à nous approvisionner de fourrages ou de grains, nous procurèrent plus d'espace pour nous mouvoir et qui, en outre, prouvaient à l'ennemi que nous n'étions pas à bout de force et d'énergie et que si notre chef voulait nous conduire, nous saurions encore lui donner de rudes leçons.

Je citerai parmi ces nombreuses actions les journées de Ladonchamps, de Lessy, de Peltre, de Mercy-le-Grand, des Tapes, etc... où les Prussiens furent culbutés complètement, perdirent chaque fois beaucoup de monde et où nous fîmes un grand nombre de prisonniers. L'attaque de Bellevue et des Tapes, le 7 octobre, termina glorieurieusement pour notre vaillante armée, l'ère des combats. Nous avions écrasé l'ennemi comme toujours, mais nos efforts n'avaient pas été récompensés, car nous n'avions trouvé aucune ressource dans ces villages et nous avions perdu plus de 1,100 hommes tués ou blessés.

L'ennemi se vengea de son échec selon son habitude en incendiant les villages et le château de Bellevue ; c'est ainsi que les Prussiens comprennent la guerre et les lois de l'humanité.

Mais toutes ces journées n'amenaient et ne pouvaient amener aucune solution, et nos prévisions allaient chaque jour en s'assombrissant.

C'est alors, vers la fin de septembre, que commencèrent nos jours de misère et les intrigues politiques du maréchal Bazaine qui restèrent jusqu'à la fin du siége un mystère pour les généraux et l'armée.

Le général Bourbaki, en effet, quitta Metz vers la fin de septembre ; où allait-il? quel était le motif de son départ? nul ne le savait, et ce n'est qu'à Dusseldorf que j'ai appris qu'il avait reçu une mission pour la famille impériale. Il paraît que ces démarches ne furent pas couronnées de succès, puisque vers le 10 octobre le maréchal Bazaine se crut obligé d'envoyer son propre aide-de-camp, le général Boyer, pour hâter et poursuivre ses projets. Ce second voyage se fit également à l'insu de tous, et ce n'est qu'au retour de cet officier général, le 18, que, la situation devenant de plus en plus pressante pour l'armée, on crut devoir lui faire quelques communications.

Les généraux commandant les corps d'armée ayant eu une conférence avec le maréchal, réunirent, le 19, leurs généraux de division et les prévinrent : que les vivres allaient manquer complétement et que dans cette situation le général Boyer était allé à Versailles, au nom du maréchal, pour tâcher de régler la position de l'armée qui devenait des plus critiques et chercher à obtenir pour elle les meilleures conditions pour sortir de sa prison qui n'était plus tenable. On ajouta qu'il fallait dire aux troupes que la France était dans un état d'anarchie complète, que chaque ville se gouvernait isolément et pour son compte ; que Lyon avait arboré le drapeau rouge, Marseille nommé une municipalité souveraine ; que Rouen et le Hàvre demandaient une garnison prussienne, que Lille réclamait la paix à tout prix ; enfin, que le Gouvernement de la Défense nationale n'avait de force et d'autorité nulle part ! Que dans ces conditions nous pouvions rendre un grand service à la patrie en sortant de Metz, avec armes et bagages, bien entendu, avec la promesse de ne pas combattre la Prusse ; qu'une fois rendus dans l'intérieur nous rétablirions l'ordre dans les localités profondément troublées et que ce service une fois accompli, le pays serait appelé à choisir et à voter *librement* le gouvernement qui lui paraîtrait le plus convenable et, qu'aussitôt proclamé, nous nous placerions sous ses ordres et ferions ainsi cause commune avec la France (1).

Toutes ces nouvelles provenaient de sources prussiennes et ne méritaient aucune créance, c'est le général Boyer qui les avait rapportées de Versailles et le maréchal nous les donnait comme parfaitement exactes.

---

(1) Bien d'autres fausses nouvelles nous furent communiquées pendant notre séjour à Metz : C'est ainsi que le 28 octobre, jour de la capitulation, un officier prussien annonça le remplacement du général Trochu par M. Flourens, quoique cette tentative démagogique n'ait eu lieu que le 31 octobre.

Le général Boyer, continuait-on, se rend en Anglet-
terre pour obtenir que l'impératrice régente, seul pouvoir reconnu par la Prusse, accepte ces conditions et
traite avec le roi Guillaume. Ici, nous, les quatre
généraux de division du 4e corps, avons protesté contre ces tendances réactionnaires et nous avons chargé
le général l'Admirault de dire au maréchal que jamais nous ne serions des prétoriens et que le gouvernement accepté par le pays serait toujours le nôtre.
Et lorsque notre brave et loyal général, qui partageait
si profondément nos sentiments, rendit compte au
maréchal de cette décision devant le conseil des généraux commandant les corps, il nous dit que tous
l'avaient regardé avec stupéfaction et comme un révo-
lutionnaire.

Mais, ajoutaient les communications, pendant le
voyage du général Boyer il faut que les soldats pren-
nent patience, se serrent l'estomac et se dilatent le
cœur, car il est impossible de leur fournir plus d'un
jour et demi de pain à trois cents grammes par jour,
soit quatre cent cinquante grammes en tout, et il
faut que ces vivres durent cinq jours ! Le soldat
voyant la perspective de sortir honorablement de sa
malheureuse position, accepta avec joie cette vie de
souffrances et, jusqu'au 24, il attendit patiemment
cette nouvelle bienheureuse, qui ne devait être pour
lui qu'un leurre et une triste désillusion.

CHAPITRE IV.

La Capitulation.

Le 23 octobre, une dépêche de Londres annonçait que l'impératrice ne voulait nullement s'occuper d'un traité et qu'elle se contentait de faire des vœux ardents pour l'armée de Metz. Toute espérance était donc détruite et il fallut de suite demander au prince Frédéric-Charles une entrevue pour capituler, car la faim nous talonnait et ne laissait plus d'autre issue.

Pour cet acte important et d'où dépendait l'honneur de 165,000 hommes, car nos blessés et la ville de Metz étaient liés à cette cruelle situation, on pensa à un homme qui avait joué un grand rôle en France, on pensa au général Changarnier, qui depuis nôtre séjour à Metz, suivait toutes nos opérations, nous aidait de sa vieille expérience et avait toujours porté haut son honneur et le drapeau de la France ; le général, oubliant ses griefs contre l'empire, ne se souvenait que de son patriotisme. Il fut chargé des négociations ; le choix était excellent.

Le prince prussien le reçut avec cordialité, lui fit l'éloge de l'armée française, reconnut qu'elle avait combattu avec la plus grande énergie, enfin nous paya d'eau bénite de cour, car, après tous ces éloges, le prince conclut à ce que l'armée se rendrait prisonnière de guerre, céderait la place de Metz, tout son matériel et celui de l'armée, enfin nous traita comme des vaincus.

Cette solution ne fait pas honneur au prince, car c'était la première fois qu'une armée moderne ayant bien et loyalement combattu était traitée ainsi.

Il savait cependant bien, ce prince, qu'il n'avait jamais pu nous faire reculer, qu'il n'avait jamais pu nous entamer! Mais il savait aussi que la faim nous minait ; il abusa de notre détresse et ne voulut rien changer à ses décisions. Le général Changarnier revint donc avec ces tristes nouvelles ; il fallut bien accepter ces conditions, car notre général en chef nous avait amenés à notre dernière bouchée, et, si injustes que fussent ces exigences et en dehors des habitudes de la guerre, il fallut y souscrire.

Il fut donc arrêté par le général de Cisey, envoyé ensuite en négociateur, que la place de Metz et l'armée se rendraient le 28 octobre en abandonnant tout leur matériel à l'ennemi, et le général Jarras, chef d'état-major général, fut chargé, avec le chef d'état-major prussien, de régler les questions de détails.

Tout s'exécuta comme il avait été convenu, et le 28 octobre, jour à jamais néfaste pour la France, une armée de 165,000 hommes, l'espoir de la patrie, déposa ses armes et partit en captivité ! Dire les scènes navrantes qui eurent lieu au moment de la séparation des soldats avec leurs officiers est au-dessus des forces humaines ! Tous se souvenaient, au moment du départ, des dangers qu'ils avaient courus ensemble, des misères qu'ils venaient de partager, enfin du dévouement des officiers qui avaient employé toute leur activité pour diminuer autant que possible les souffrances que, dans ces moments cruels, les soldats avaient eu à subir.

Que ceux qui nous frappent à coups redoublés depuis la capitulation se fassent une idée du tableau que je viens de dérouler devant eux, qu'ils aient le courage de le regarder en face, et qu'ils nous disent si l'armée a failli, soit sur les champs de bataille où jamais elle n'a reculé et n'a été vaincue, en dépit du nombre et de la puissance de nos ennemis, soit dans ces jours désastreux où elle avait à lutter contre toutes les souffrances de la misère et du désespoir et où jamais elle ne s'est laissée abattre! Moi, qui étais acteur dans ce drame, je ne puis trouver d'expressions pour peindre mon admiration pour ces héroïques enfants de la France pendant leur longue agonie. Non, mille fois non! l'armée n'est pas responsable de l'impéritie ou de la déloyauté de son chef!

Ses détracteurs cherchent dans l'histoire des situations semblables, ils disent que jamais rien de pareil ne s'est produit et ils se servent de cet argument pour l'accabler!

C'est vrai, sa capitulation n'a aucun rapport avec les faits de guerre précédents qui ont une certaine analogie avec la situation de l'armée de Metz.

L'armée d'Ulm, qui a capitulé, n'avait que 30,000 hommes et avait été battue. Nous, nous avions 125,000 hommes, nous avions livré cinq grandes batailles dont nous étions toujours sortis vainqueurs ou en maintenant vigoureusement nos positions. Quant à Vercingétorix, qu'on a exhumé, sa situation était encore plus différente. En effet, la Gaule entière se leva pour le débloquer et l'armée qui venait pour le secourir fut écrasée avec la sienne.

Tandis que l'armée du Rhin, placée dans une impasse par son chef, dont rien jusqu'alors ne lui avait donné le droit de douter, put se croire abandonnée par le Gouvernement de la Défense nationale, car elle ne reçut ni secours matériels, ni ordres, ni avis qui auraient pu, en l'éclairant, changer sa destinée ! Dans ces conditions d'ignorance absolue de tout ce qui se passait au dehors et de tout ce que pouvait méditer le maréchal Bazaine, elle attendit, espérant d'abord en elle-même et en des ordres énergiques, et quand la misère vint avec toutes les impuissances qu'elle entraîne, elle espéra dans la France et sut souffrir, sans murmurer, deux longs mois de privations inouïes et de souffrances chaque jour aggravées (1).

Que devions-nous faire alors? Fallait-il, par un coup de tête désespéré, s'élancer en avant pour faire une percée, comme quelques-uns le voulaient? Je ne le pense pas. Avec tous nos moyens, jusqu'au 10 septembre, nous aurions pu le faire et nous retirer non sans

---

(1) Pendant le dernier mois les hommes, officiers compris, ont été réduits à trois cents grammes de pain, puis bientôt à deux cents, et enfin, les huit derniers jours, il ne fut fait aucune distribution de pain. Pendant un mois ils manquèrent complétement de sel, ce condiment si indispensable pour la cuisson des viandes, surtout lorsque l'administration ne peut fournir que du cheval. 38.000 chevaux disparurent dans cette situation douloureuse soit abattus, soit par suite des privations, car depuis un mois les rations leur étaient supprimées, et nous restâmes sans cavalerie et sans attelage pour l'artillerie, et nos soldats mourant d'anémie et d'épuisement! De plus, pour se mettre à l'abri pendant cette saison exceptionnellement froide et humide, ils n'eurent jamais que leurs petites tentes.

difficultés sur Strasbourg ou sur Belfort, talonnés que nous aurions été par une armée puissante et bien commandée.

En supposant que nous eussions réussi, ce que je crois fermement, nous devenions une vraie force pour le pays, dont toutes les réserves pouvaient venir se fondre dans des cadres excellents. Mais cette époque passée nous commençâmes à manger nos chevaux, et que pouvaient dès lors 125,000 hommes dénués de tout contre 250,000 bien approvisionnés, admirablement armés et qui pouvaient au besoin appeler de nouveaux renforts puisque tous les chemins de fer et les communications étaient en leur pouvoir? Il fallait se résoudre à attendre que le pays vînt nous secourir ou qu'un traité mît fin à la guerre. Hélas! ni l'une ni l'autre de ces solutions ne s'est présentée et il a fallu capituler après deux mois de blocus et n'ayant plus de munitions presque pour une bataille !

Ceux qui ont demandé depuis à faire une percée, sont des officiers qui n'ont pas voulu raisonner la position qui nous était faite ou qui ont cherché, par une démonstration qu'ils savaient ne pouvoir aboutir, à se poser dans l'avenir. Mon opinion à moi, c'est que, sans aucune chance de succès, nous ne pouvions faire massacrer de braves soldats qui pouvaient encore être utiles au pays, qui s'étaient conduits pendant la guerre avec la plus admirable valeur et qui, pendant toute cette période, avaient été des modèles de discipline et de dévouement.

Un exemple bien malheureux mais actuel vient montrer aux yeux de tous la vérité et établir d'une manière frappante notre situation à Metz, c'est le siége de Paris ! Que peuvent les armées si nom-

breuses qui y sont renfermées et qui sont comman-
dées par l'honneur et le dévouement même, le général Trochu? Elles espèrent, comme nous, qu'une
armée du dehors viendra les débloquer et elles
mangent leurs approvisionnements, et quand elles
seront au bout de leurs vivres, comme nous, elles
capituleront, fatale et inévitable perspective ! (1); à
moins, comme je le disais plus haut, que la France
entière se lève et réussisse à battre l'ennemi.

Dans des malheurs aussi grands que ceux qui bou-
leversent notre chère patrie, est-il bien, est-il utile
de se déchirer mutuellement ? ne serait-il pas mieux de
s'aider, de s'encourager, d'unir tous ses efforts pour
sauver notre malheureux pays ? Et que prétendent
obtenir ces mauvais Français qui se déchaînent avec
tant de violence contre l'armée !... Est-ce l'espoir
de la perdre dans l'esprit de ses concitoyens ? Qu'y
gagnera la France, en sera-t-elle davantage et plus
tôt débarrassée des Prussiens ? Serrons nos rangs, là
est le salut, et ne nous laissons plus entraîner par ces

---

(1) Et dernière conséquence de l'imprévoyance et de la crimi-
nelle folie qui a précipité notre pays dans cette lutte gigantesque
sans avoir rien préparé pour lui assurer le succès !

Que la France entière se lève, il en est temps, si elle veut
échapper à ce nouveau et irréparable désastre, qu'au prix de tous
les sacrifices et de tous les efforts elle épargne à notre pauvre
patrie cette ruine sanglante et à eux tous, ces braves défenseurs
de Paris, les poignantes douleurs d'un exil dont l'amertume ne se
dira jamais !

NOTE DE L'ÉDITEUR. — Les douloureux événements que le
général Grenier prévoyait en novembre 1870, viennent de s'accom-
plir : Paris a capitulé le 28 janvier 1871.

fausses déclamations qui datent du règne de Louis-
Philippe et qui ont pour but de ravaler l'armée, de
la diminuer et même de la détruire. Les conséquences
de ces fatales théories n'ont pas tardé à se produire
et parlent assez haut pour que tous les Français
sentent la nécessité de rétablir une armée sur un pied
qui puisse braver tous les ambitieux comme tous les
despotes.

CHAPITRE V.

Voyage de Mayence.

Après la capitulation, il fut décidé que tous les
officiers seraient d'abord transportés à Mayence et
que, de là, ils se rendraient dans la résidence qu'ils
choisiraient. On établit donc le 1er novembre un
train dit de généraux, et, par un raffinement de
cruauté inouï, l'autorité prussienne, au lieu de nous
conduire directement par Sarrebrük à Mayence, nous
fit passer par Nancy, où elle savait qu'une démonstration du parti socialiste était organisée pour nous
insulter !

Ces soi-disant patriotes de Nancy nous ont donc
accueillis par les plus ignobles injures et nous ont
appelés des lâches !

Les lâches, ce sont ceux qui pouvant prendre un

fusil ne l'ont pas fait , lorsqu'ils savaient que l'armée de Metz était bloquée et qu'elle était incapable de traverser une armée de 250,000 hommes qui la tenait enfermée dans une ceinture de fer. Les lâches , ce sont ceux qui insultent des gens sans défense, de malheureux prisonniers, et qui les mettent dans la position d'être protégés contre eux par leurs propres ennemis, les Prussiens !

Honte et malédiction sur ces faux patriotes ! sur ces mauvais Français ! Ils savaient cependant bien, ces haineux citoyens , que l'armée de Metz s'était conduite vaillamment et qu'elle obligeait l'ennemi lui-même à lui rendre justice et à la respecter !

Les lâches, ce sont les mêmes hommes qui ont ouvert les portes de leur ville à cinq uhlans et leur ont servi une contribution de 50,000 fr. sans combattre.

Que l'histoire les flétrisse à jamais ces tristes compatriotes qui ont osé devant les Prussiens insulter de braves soldats qui laissaient la ville de Metz pleine de leurs blessés et les cimetières jonchés de leur cadavres !

Un général commandant de corps d'armée, vingt-quatre généraux, deux mille cent soixante officiers et quarante deux mille hommes tués ou blessés pendant nos batailles attestent le dévouement de ces braves phalanges de la France. Si le peuple s'était levé plus tôt, était venu nous donner la main, combler nos vides et augmenter notre force , cette magnifique et brave armée serait restée invincible , aurait conservé Metz et aurait fait payer cher à la Prusse l'audace qu'elle a eue de venir envahir notre chère patrie.

CONCLUSION.

Ainsi disparut et s'anéantit cette noble et brave armée, une des dernières espérances de la France!

Et maintenant que le pays paraît vouloir accepter la lutte à outrance, pour lui ménager toutes les chances favorables, il faut qu'on évite de faire la guerre comme elle semble conduite actuellement en défendant chaque ville, chaque village, moyen sûr de se faire battre encore en détail. Il faut, au contraire, qu'on se retire lorsqu'on n'est pas en force et qu'on rétrograde sur les grands centres, de manière à rassembler de grandes masses et à se présenter devant l'ennemi en nombre supérieur. Si on observe ces principes, rien n'est désespéré, surtout si la nation se lève en masse ; si l'énergie se soutient, si toute la population s'organise en francs-tireurs, rien ne prouve que la victoire ne revienne pas sous nos drapeaux et que l'ennemi ne finisse par succomber.

Et si, après la lutte, la France est vaincue, elle le sera du moins avec gloire et après un effort suprême qu'elle se devait à elle-même, et le Gouvernement de la Défense nationale aura conquis dans l'histoire une place immortelle.

Pour terminer, je dirai encore une fois que notre malheureuse armée de Metz a fait vaillamment et noblement son devoir, et nos concitoyens égarés ne tarderont pas à lui rendre justice ; elle ne s'est jamais mêlée ni salie dans les tripotages politiques de son chef, et si elle n'a pas réussi, cela tient aux causes que j'ai indiquées plus haut et que je récapitule ici !

Le gouvernement impérial a commencé la guerre dans des conditions insensées, comme nombre et direction ; il a laissé l'armée manquer de tout dès le début de la campagne ; le maréchal placé à sa tête n'a fait preuve que d'incapacité et de déloyauté ; enfin, le Gouvernement de la Défense nationale, n'ayant pu lui envoyer de secours, ne lui a même pas fait parvenir un mot pour lui indiquer son existence !

Ainsi, isolée, de tous, après avoir épuisé toutes ses ressources et réduite par la famine, elle a capitulé, mais la tête haute, car elle avait accompli sa tâche jusqu'au sacrifice et elle a le droit de rappeler ce mot historique :

« Tout est perdu, fors l'honneur. »

Dusseldorf, le 14 novembre 1870.

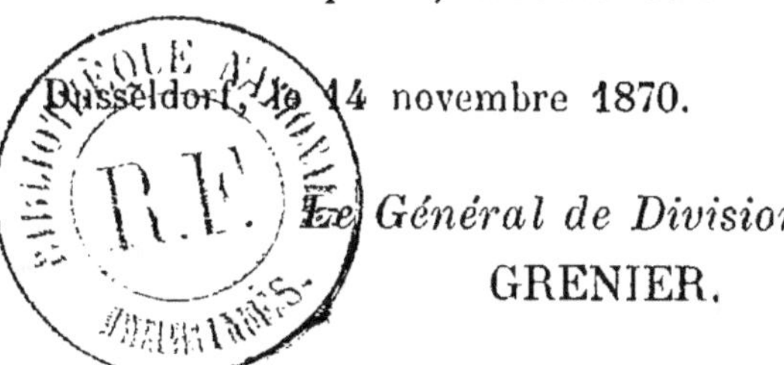

Le *Général de Division*,
GRENIER.

2326. — Grenoble, imp. E. Allier.

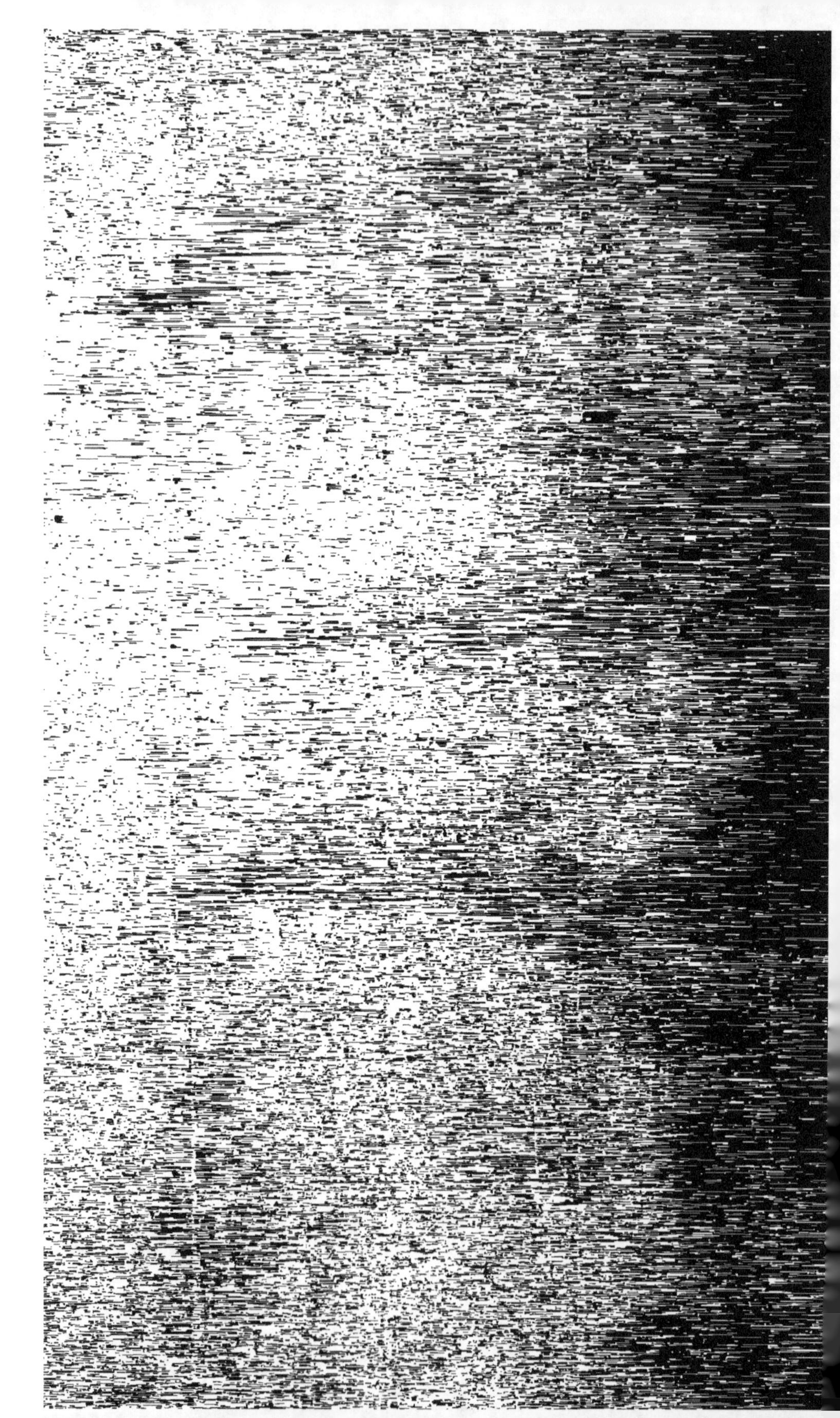